为爱留意

秋月·顿莲 著

竹和松出版社

©2022 吴秋月

出版：竹和松出版社（Zhu & Song Press）

Zhu & Song Press, LLC

North Potomac, Maryland

责任编辑：朱晓红

责编信箱：editor@zhuandsongpress.com

封面设计：竹和松传媒

出版社网址：www.zhuandsongpress.com

印刷地：美国，英国

发行：全球（中国大陆除外）

ISBN-13: 978-1-950797-22-6

ISBN-10: 1-950797-22-8

版权所有，侵权必究

作者简介

秋月·顿莲,本名:吴秋月。诗词作者。籍贯广东。歌手,舞蹈表演者,原广东省珠江电影制片厂模特。

目录

《御姬·秋黛美》　　　　　　　　　　1

《月亭序·倚门》　　　　　　　　　　2

《无题》　　　　　　　　　　　　　　3

《心口意·唯爱留意》　　　　　　　　4

《唯我独尊》　　　　　　　　　　　　5

《望京台·风霜雨雪、不能言说的意乱情迷》　6

《治身疗心》　　　　　　　　　　　　7

《沾花记》　　　　　　　　　　　　　8

《赠君一轮明月》　　　　　　　　　　9

《父母恩深·难报经》　　　　　　　　10

《送君一轮明月》　　　　　　　　　　11

《花前月下出逃·野花猫》　　　　　　12

《比翼鸟》　　　　　　　　　　　　　13

《忆海流》　　　　　　　　　　　　　14

《迷离·觉》　　　　　　　　　　　　15

《牛马不相向·不同道》　　　　　　　16

《长相思·惆怅》　　　　　　　　　　17

《爱的力量》　　　　　　　　　18

《我就是那一只蟋蟀》　　　　　19

《如果我是一粒玉》　　　　　　21

《端午情缘》　　　　　　　　　22

《我是一只等待光年的九色九尾狐》　23

《我执》　　　　　　　　　　　24

《美丽记忆》　　　　　　　　　25

《为人一世》　　　　　　　　　26

《弹性》　　　　　　　　　　　27

《红尘未了缘》　　　　　　　　28

《偶遇》　　　　　　　　　　　29

《心之魂》　　　　　　　　　　30

《愛》　　　　　　　　　　　　31

《人生》　　　　　　　　　　　32

《有一种爱》　　　　　　　　　34

《倾城之恋》　　　　　　　　　36

《爱未满》　　　　　　　　　　38

《感思》　　　　　　　　　　　40

《感遇》　　　　　　　　　　　41

《闺中·黛月持酒》　　　　　42

《郎月·梦刘毅》　　　　　43

《念爱人》　　　　　　　　44

《问由》　　　　　　　　　45

《迎秋意》　　　　　　　　46

《虞美人》　　　　　　　　47

《月夜·梦刘毅》　　　　　48

《我的第一个宠物》　　　　49

《我与灵魂对话》　　　　　50

《浣流沙》　　　　　　　　51

《见思爱》　　　　　　　　52

《论·爱欲》　　　　　　　53

《问情·论》　　　　　　　54

《她的礼物》　　　　　　　55

《秋之语》　　　　　　　　56

《病》　　　　　　　　　　57

《人间》　　　　　　　　　58

《缘分》　　　　　　　　　59

《吻别》　　　　　　　　　60

《思君爱意》	61
《月·无悔》	62
《归来春》	63
《写给自己的一封信》	64
《如是我闻》	65
《追随》	66
《爱的样子》	67
《我是一颗相思的种子》	68
《爱相随》	69
《香江月夜》	70
《爱情地图》	71
《记录的意义》	72
《如梦玲》	74
《逝去的爱人·表哥陈永树,中秋夜》	75
《笑别离》	76
《琼鱼恋石》	77
《梦幻泡影》	78
《尼亚加拉瀑布》	79
《秋思·语》	80

《心生两座山》	81
《遥望·两相思》	82
《推理》	83
《思念》	84
《园外·惊魂》	85
《送君祝联》	86
《他》	87
《逍遥乐》	88
《见·思恋》	89
《话·离别》	90
《香山》	91
《三生石》	92
《两辆车和两件衣服》	93
《那些晨读的时光》	94
《不是恋爱脑的恋爱脑》	95
《活法》	96
《写给自己的第二封信》	98
《幸福》	99
《风水凸》	100

《三九·九前所关卡》　　　　101

《沉默》　　　　　　　　　　102

《子欲养·话报恩反成害》　　103

《念双亲》　　　　　　　　　104

《听经》　　　　　　　　　　105

《性命与使命》　　　　　　　106

《我佛慈悲》　　　　　　　　107

《松江月》　　　　　　　　　108

《攻心为上》　　　　　　　　109

《新狐度·百浪搜》　　　　　110

《嫉妒心与慈悲心的区别》　　111

《什么样的行为惹人反感？》　114

《御姬·秋黛美》

众口难调御，
令妾费心神，
欲要听君言，
奈何已别离，
忆君常泣泪，
遗忘了日夜。

《月亭序·倚门》

爱一夜成空,
凄凄惨惨戚戚,
思君憔悴心落落,
支离破碎为念君。

《无题》

无日无夜,撕撕写写,徘徘徊徊,空空悲悲悲切切,
行尸走肉,不饮不食,无言无语,为君消瘦人痴醉。

《心口意·唯爱留意》

万里江山共天际，
山川河流影入云，
我已在天涯海角，
海枯石烂君等你，
亿亿光年还复还，
天崩地裂爱相随！

《唯我独尊》

我是无价宝,
灵魂在跳舞,
虽身不由己,
仍为君痴狂。

《望京台·风霜雨雪、不能言说的意乱情迷》

心在京如倾盘雨,
泪眼纷纷发如雪,
欲诉还休不自量,
冷清寂凉寒透骨,
爱如雪初见阶下堕,
伤筋动骨百日患,
乞儿横打叫不醒,
妈妈见状问为何,
欲说还休语不出,
不解爱人心如何。

《治身疗心》

爱如疯爱如秋风，
治人性病误己性病，
自言自语爱不释手！
投石问路草木皆兵，
忘女情绪男自尊，
火海刀山痛彻心菲，
医师法师大来难救。

《沾花记》

种花赏花品花,爱爱!
闻花摸花摘花,喜欢!
落花捣花碎花,讨厌。

《赠君一轮明月》

吾心自带光明月，
千古团圆花无缺，
银川山河拥清辉，
赏心何必中秋节，
君在便是人间仙境节！

《父母恩深·难报经》

燃脂难报父母恩,　削骨切肉难报之,
打牙和血吞下肚,　滴血泣泪断肠人,
情深不寿经不止,　来生还做爹娘儿,
汝生之吾命养育,　吾还汝债甘代受。

《送君一轮明月》

吾心自有秋光月,
万古不变船圆月,
山河银川永不息,
赏月哪需中秋节,
君在便是人间好时节!

《花前月下出逃·野花猫》

月亮船,月亮圆,问君几许愁,
秋月美秋月美?花艳妾身艳?
猫野妾心野?问君何时知?

《比翼鸟》

只见天上有,
不见地上飞!
此鸟非彼鸟,
谁人与争锋,
嗅美鸟人儿。

《忆海流》

几度斜阳影照中，半海瑟瑟半海红，
碧水蓝天静是君，碧波荡漾动是君。
何时解相思了苦，为君尔了心流浪，
忆往事忆往昔之，秋去秋来雁南飞，
峥嵘岁月稠如雾，敢问今昔是何夕。

《迷离·觉》

爱君福兮，别君相思灾兮，
离君福祸相倚兮，念君悲兮乐兮，
见君惧兮痴兮迷兮，想君喜兮忧兮愁兮，
欲爱倾诉如哽喉，心疼兮。
欲恨言感剑封心，心痛兮。
开合难兮，有君在，
时时喜时惊兮，如蝶仙迷迷，欢乐天堂兮。
无君在，时时幻时觉兮，似幽灵飘飘，恐怖地狱兮。

秋月．顿莲

《牛马不相向·不同道》

  清清楚楚地来，
  干干净净地去，
  潇潇洒洒策马，
  勤勤恳恳更牛，
  明明白白离分。

《长相思·惆怅》

日落巫山几许愁,夜潜寒。
行思君,坐思君。
思君时甜,思君时苦,
莫问相思何了时,唯相见时。
日思君,夜思君,欲将相思诉,吾爱可知。

《爱的力量》

　　我置我于死地而后生，我不入地狱 谁入地狱，欲上天堂，必先入地狱，后来我发现我呆在了地狱，不是威神，即需业力。我因业力，死在地狱，我因威神，上了天堂，上天入地，出生入死，天堂地狱人间，穿越前世今生，我为你而来，你因我而去，你为我而来，我为你而去，牛郎织女。太玄太玄，玄之又玄，你似乎在紧跟着我，又似乎是我在紧追着你，是那么的美妙，晕晕沌沌，循环往复，似静止似滚动，生生不息，无有终始，梦幻泡影，如露如电。关注你的动态，观看我的世界，发现你的灵魂，关注我的动态，进入你的世界，找到我的灵魂。真爱是永恒的妙不可言！

《我就是那一只蟋蟀》

在海外，夜间听到蟋蟀叫，就会以为那是在四川乡下听到的那一只，我就是那一只蟋蟀，一跳跳过了大洋彼岸，从中国上空悄悄降落，落在你的心里，夜夜唱歌，我就是那一只蟋蟀，在你的脑海里唱过，在你美丽记忆里唱过，在你的回忆里唱过，在你的树林里唱过，在你的草地里唱过，在你的天空里唱过，在你的日记里唱过，在我的诗篇里唱过，在花木兰的织机旁唱过，骚人墨客听过，思妇听过，我就是那一只蟋蟀，在大山的溪边唱过，在海边唱过，在午夜里唱过，在白昼里唱过，我就是那一只蟋蟀，在你的记忆里唱歌，在我的记忆里唱歌，唱在一起时的快乐，唱离别时的悲伤，唱分离时的寂寞，想起秋天，想起落叶，想起田间一堆堆的草垛，想起海边的五彩小石，想起山间的小路，想起你来见我，想起我去见你，想起种子，想起月饼，想起百合，想起野塘剩残荷，想起如歌的岁月偷偷流去许多许多，我就是那一只蟋蟀，在大洋的这头唱歌，在大洋的那头唱歌，在海外的一条巷子里唱歌，在四川的一个乡村里唱歌，在每个华人脚迹所在之处，处处唱歌，比最单调的乐曲更单调，比最谐和的音响更谐和，比颤动的两根琴弦同一旋律更颤动，结成冰，是水晶，化为光，是萤火，变成鸟是凤凰，啼叫在乡愁者的心窝，我就是那一只蟋蟀，在你的窗前唱歌，在我的窗前唱歌，你在倾听，我在想念，我在倾听，我在吟哦，你该猜到我在吟些什么，我会猜到你在想些什么，中国人有中国人的心态，中国人有中国人的耳朵！

《如果我是一粒玉》

如果我是一粒玉,就不会介意别人说我是一块石头,不会介意别人说我是一粒白米饭还是黑米饭,或者是一粒老鼠屎……一朵白莲花……!因为每个人对一件事物的价值看法都不同,这恰恰是人自身思维价值观念的反应。 在美国记于清晨醒来。09292021

《端午情缘》

不是太狠太绝,就是太在乎!每逢这个日子就是痛并快乐地过节,
种子节种子节,我愿意,就是幸福过节,我拒绝就是痛苦过劫!
这个节是个劫,过得这个劫,我就剧终结束了,
过不了这个劫,过得了这个节,我今何在—吾命中劫-汝之砒霜乃吾之蜜糖!
吾之蜜糖彼之砒霜——不同亦同。

《我是一只等待光年的九色九尾狐》

我是一只身披九层彩纱九色九尾狐,是十六光年前被您放生的那只九尾狐,为君守候十六光年,我还是那只爱您如初的九色九尾狐,无论过去多少光年,我依然为您等候的一只九色九尾狐,我是那只被您解救收留又放生了的那只九色九尾狐,为报答您的教导之恩以及临别时的不杀之恩,我特来伺候您,还望先生不要拒绝,以报先生之恩,恩公,看我美不美,以身相许可否?这是月老牵手的红线,又是天意赐的姻缘,能不能为您跳一支舞?报一饭之恩,能不能为您写诗?报相思之情,能不能为您作画?报授之以鱼之恩,能不能为您唱歌?报授之以渔之恩,能不能为您抚琴?以解相思了去苦,能不能为您做羹汤,以报知遇之恩……

《我执》

　　到过每一个你曾经可能经过的地方,走过你来时可能走过的路,指尖随着钟鼓转动,幻想某日与你重逢,寻寻觅觅,满世界地找寻你,却不知你早已住进心里!痴痴呆呆 迷迷糊糊,不知昼日,白驹过隙,徐徐老已,时光穿越时空,蹉跎了岁月。

《美丽记忆》

当你闯进了我的生活,一切就变得不同!我似乎也变成了另外一个人,看着你远去的背影,我似乎懂得什么是爱什么是痛,看着那绝尘而去的车子,我想你,此刻!就逼切地想你,留在原地,心永远被定格在那一天,走不出,逃不过,躲不了,藏不住,我的生命已属于你,一切皆因,你带着爱走进了我的世界……一切都是美好的……

《为人一世》

做人修心,修身,进德。

内外兼修才是高境界,内心干净才算好品行。谨言慎行就是说话前先过过脑子,三思而后行。也叫慎始!而后可善终,一生问心无愧,就是求得好死!所以劝善,诸恶莫作,勿以恶小而为之 勿以善小而不为。此时此地此境此情,前半生对君我用的是小柔,后半生对君我要用的是大柔,我要守的是分,又是度!合理,公平。只想和你,始于月老,终于孟婆。

《弹性》

为生前努力？为死后努力？遗嗅万年？流芳百世？君送妾入情关之门，奈何妾只能跨在门槛之间，若进若出，看天老爷眼神，观天老爷面色，听天开口！妾身亦要送君到异性关闸美人门前，门与关任君选择！没窗。

《红尘未了缘》

　　闭上眼，我的世界全是你的影子，只记得你一人！爱你使我变得笨拙，使我不敢开口，我用灵魂深深爱着你！不负君心不负情！曾经，以为醉了，就能忘了你，不曾想，原来爱上一个人不难，想要忘记却是最难！捂上耳朵，却是你绵绵的深情细语缠绵，有时候，放弃是一种美丽！但却始终无法到达！是不是也是另一种凄美！三生有幸遇见你，终是悲凉亦是情！放与不放都是债！

《偶遇》

　　相识于深秋雨季,满山秋色关不住,迷雾细雨,一片秋叶寄相思,秋思别离似秋日之静美,你之所爱,我全力以赴求之,你之所恶,我全力以赴挡之,若不如此,我怎能说是爱你!爱是一见起色,是寂寞,喜怒哀乐忧思苦久病难医,奈何情深缘浅,相爱却不能相守,相见不如怀念,风清月朗,放过自己,心中无尘,岁月生香,放过他人,又是一种成全,守得一份美好!此生,你可曾有过?挥笔泼墨,只为君,用一生也无法忘记的人!

《心之魂》

今日之风起云涌,美得震撼心灵深海深处……愿你出走半生,归来仍是自己最大的力量源泉……出走半生,归来仍是少年,告诉自己,我是一股向上的力量,我是一束向阳的正能量,我是一束光,我是一团无法扑灭的火焰,我是火星人,燃烧自己,火身,火海,火云,火柱……为君烧得人憔悴,虽身不由己,愿你仍能活出自己,愿此心,海枯石烂永不灭,天涯海角亦伴行。

《愛》

爱有几分痴?十分难形容。
如何证明爱他一生?骗他一辈子。
医生只能医治别人,却不能医自己,
情深不寿,心病还需心药医。

《人生》

人生不必欢喜悲伤,有失必有得!不悲亦不喜!万法皆空!万物想你不及我心念你!万物喜你不及我心悦你,万物不如我的眼里只有你。女人,取悦男人不如取悦自己!只取悦自己的女人注定可以倾倒世人。爱一个人,有时是一辈子的事。爱一个人,有时只是一个阶段的事!人生就是一连串的抉择,每个人的前途与命运,完全掌握在自己手中,只要努力,终会有成。就业也好,择业也罢,创业亦如此,或是选择伴侣,都不要人云亦云,适合自己的才是最好的。更不要活在别人的嘴里,不要活在别人的眼里,而是把命运握在自己手里。我的人生我主宰!你的地盘你做主!

生活要有仪式感。想要的东西一定要靠自己努力去得到,千万不要靠别人施舍。要有独立的思想人格,独立的经济能力,有热爱的事业。有想爱的人。哪怕就是吃的,就要自己进厨房,即使偶尔锅被烧焦了,那又怎样!哈哈。。走进办公室就是娘娘,走进厨房,就是厨娘!走进卧室，就是魅娘！在这里，我是月宫秋娘！晚安！我的小兔子！我的沙河星晨，日月繁星，我的天！

《有一种爱》

爱TA却疏远TA，惦念TA却不再找TA。难以忘怀却绝口不提，只愿无悔去等待，两个人的爱情才有结果，一个人的独角戏只是一场悲剧，TA十多年来喜欢同一个人，喜欢TA孩子气的笑容，喜欢TA对谁都彬彬有礼的模样，喜欢TA的名字总是挂在光荣榜里，喜欢TA的所有，TA这人简直不要太完美，唯一的缺点，大概就是TA不喜欢我，这家伙似乎不厚道，一次都没找过我，无可奈何，像是一条河隔着彼此，消失在对方的生活里，我担心你已将我忘却，不忍打扰，无关风月，默默守望，亦是一份长厢厮守，不一定非得拥有，两情若相知，无言也温暖，无缘夫妻，成为知己成为邻里，亦可万万岁。若即若离，看似无情似有情，深情到极致，又隐忍到极致，想念到极致，又克制到极致，他曾经很想给小秋一个家，很想与她有属于彼此爱的结晶，他容忍着她的任性，不是因为不爱才分离，正是因为太爱才离开，怕失去才不敢拥有，害怕受伤，寒冷，担心再次受伤，深情且薄情，忐忑彷徨，只想独自消化，掩于唇齿，止于岁月！喜欢是放肆，是有恃无恐，爱是克制，是欲言又止，是越陷越深，生死面前知真爱。去见你比我等你更积极，我陪你比我爱你更动听！TA要的不是爱，而是呵护！秋思落入留意家，留意秋月之美好！

《倾城之恋》

爱情以浪漫开始,又怎可潦草地结束?字虽写的潦草,人生又怎可过得如此的潦草?偶然邂逅,互生情愫,上演一段纯美而纠葛的懵懂爱情,月夜杨柳并肩散步,不管风雨,只想携手前行,悲伤时同哭,高兴时同乐,重复无聊日子不乏味,做着相同的事不枯燥,牵想牵的手,共同走过繁华喧嚣岁月,陪着想爱想要陪的人,只要心中有爱,余生只为你,择一城,得一人心,百守千守不分离,这便是最幸福的最美满的爱情婚姻!似乎冥冥中早已注定,一条鱼似乎预示了一段世纪之恋,她可能惨死在他手里?疼死在怀里,甜死在心里,似乎有三条路可行,糊一刀?糊一把!糊一梦!他送她一门,她给他两关,他赠她一劫?她送他两节!劫后余生,问对方要不要一起过节还是继续过劫?入了心的人忘不掉,动了情的人放不下,忘不了的人,放不下的情,掀翻了安宁。一段未了缘留下的痕迹可能是纯真,甜美,痛苦,孤寂,意难平,怀念,遗憾，难忘，痛不欲生，更有甚是死亡，不纠缠，一别两宽，从无到有，从有到无，撕心裂肺，云淡风轻……我是如此的渺小又孤陋寡闻……

《爱未满》

两人在一起是幸福,不在一起是看对方幸福!愿他幸福!刻骨铭心的爱情,见三次就沉沦!宁可我捆住我,也不想伤害任何人,从前如此,现在如此。不以牺牲他人幸福为代价去换取我想要,既然想你已然成为我习惯,已经痴心不改,死心不息,已经无法改变,唯有继续如此,至死方休,爱他所爱,想他所思,爱他的一切,他的所有,他的妻子,他的孩子,他的宠物,他的人,他的名字,他的笑容,全形成一道刺青刻在她的心里,爱到最后,全是心疼,是怜悯,一丝丝一绪绪,剪不断理还乱,不忍打扰,不想沾污了美好,呵护理解陪伴宽容包容真心关怀等待,最后成全!宙觉世界空旷无聊,一遍沉寂,他像是天使派来拯救你,又似是魔鬼派来诱惑你,登过最高的山峰,也将你推入深渊悬崖,上山入海,让你哭,让你笑,让你心动,让你心碎,让你狂乱痴迷,又在痴迷中坠落,沉沦不觉醒,深刻又难忘,一晃十几载流年,回不去的从前，看不清的未来，退不出，进不得，心若遊子，无处安放，人海茫茫，于千万中遇见你，遇见对的人不易，相守不易，珍惜来之不易！

《感思》

何处寻倩影，
常待杏仁核，
时觅仙道去，
只为把君见。

《感遇》

妾今幽冥冥，
愁绪， 颜眉心间淌，
何时展颜欢，
一睹伊人狂。

《闺中·黛月持酒》

若为官人在伴,
语乱神迷心眷恋,
追往昔,酒未开泪满行,
谙尽相思之苦,更那堪,
愁断肠珠颜改。
不堪首,眶泪盈,愁梦未醒人沉醉。

《郎月·梦刘毅》

爱人入我梦,
解我相思苦!
秋思已留意,
等待伊人归。

《念爱人》

念念心中人，
了了寄相思，
爱人哪里去，
常在心涧里，
小鹿乱乱撞。

《问由》

问君为何欲离去,
暗道相思太累人,
唤名叫醒梦中人,
伊人或忘三世恩。

《迎秋意》

碧蓝天，金叶黄，
妾归日，君断肠，
相拥无言泣河涸。

《虞美人》

伶女粤广人，误入刘宫妃，
君伴是仙间，君离是幽冥。
直道天机深，莫得同船渡。
时机天降临，相遇重逢时，
再也不分离！

《月夜·梦刘毅》

日落依山尽,
遊子湖舟上,
彩云追月去,
带我入桃源。

《我的第一个宠物》

从小我养过一只宠物小白鸡,从它卵化成小鸡每天抚摸它捧着它,它长大后带着它的小鸡跟着我上学,在学校附近等着我放学,我一吹口哨,它便奔向我,像极个小孩子见到妈妈一样欣喜若狂,它有着全身纯白洁净的羽毛,它常常用嘴去梳理它的羽毛,爱惜自己的羽毛,它爱在泥沙堆里滩着晒太阳,下雨天爱跟在我后面,我就会蹲下来抱抱它,摸着它的头,养了它五年,念了它一辈子!因为它总是能救我于恐惧之中,灶台草丛下的蟑郎蜈蚣蟋蟀,总能被它三下五除二地解决掉……

差不多十六岁的我后来在某城市市政府某个单位给领导端茶递水送报纸,妈妈想我来看我并告诉我关于小白的事故,它大概也是非常想念我,以至于导就出悲剧,它听到某个小男孩吹着口哨,它跟着他,以为他就是我,可是他并不是我,他把它引到山洞分尸烤了拔了毛……被妈妈发现了,小男孩的爸爸陪了五十元人民币给妈妈,妈妈告诉我时红了眼眶……我眼泪直下,跑出了门外……

秋月．顿莲

《我与灵魂对话》

登泰山，拜天地，跪拜祖宗，孝父母，敬人，爱己，了生死，不违背天地，不违背自然，不愚孝，不愚忠，人戒之在贪，嗔，痴！这一生，我敢爱敢恨！敢做敢为，我拥有了太多太多，拥抱了许多许多别人无法得到的，想要的，不想要的，想要不敢要的，能要不要的，想得到的，想不到的，难以想象的！唯独你！此生看似是我在取悦你，实则不然，是你！导就了原本就已经很优秀的我成为了一个今天比昨天，现在比过去，一日比一日更优秀更坚强更独立自律更强大更有魅力更有格局的人，为此，我应该，深切地对我的灵魂肉体说上一句，如同想对你说但却永远无法出口的一句话：对不起，请原谅，谢谢你！我爱你！

《浣流沙》

  紧握的沙子，最易失掉，不如张开手掌，任其随风飘散，世上最苦的，不是药，而是情，世上最甜的，不是糖，而是情，即使身体永远分离，灵魂却又终身信守相伴，伟大坚贞就在此处，爱，不仅爱你伟岸挺拔的身躯，亦爱你坚持的所在！

《见思爱》

你见与不见，我在这里，不远不近。你思念与不思念，情在心中，不生不灭，你爱与不爱，爱在记忆深处，不增不减。你愿意或不愿意，都随你，不悔不恨。婚结与不结，不疑不固，不离不弃。从来不需想起，只因未曾忘记。见或不见，依旧想念。来我怀里，或住进心里，寂静相爱，相偎相依！

《论·爱欲》

女人因爱而性,因为爱对方,所以需要对方。男人因性而爱,因为需要对方,所以爱对方。女人爱这个男人,会像放风筝一样放他走,男人爱这个女人,会带她远走高飞,比翼双飞!不碰对方身体,不爱了,已厌倦,已不想敷衍。不碰对方身体,太爱了!为你禁欲,克制自己,足够自律强大。时间足以证明,爱中有不爱,不爱中有大爱,坏中有好,好中有坏,在乎与不在乎,已知结果!

《问情·论》

天见妾美欲赠丑之,天见我才欲收妾身!奈何天!上德之人求最下等活,下德之人求最上等活!君子亦需要小女子配!夫子对曰:唯女子与小人难养也!舌上有龙泉,口上留德,手下留情,确保发出之剑是温柔之剑,善良之剑,是鲜花。若是毒针必反弹汝心。分尸自己比人肢解我来得凶狠!

《她的礼物》

看到自己喜欢的东西,不是抱着,不是一口吃掉,不是把其藏起来,而是必须每天固定时间把它放在面前,摆在眼前,对着它,凝视着它,细看着它,绕着它走圆圈,偶尔闭上双眼闻着它,那淡淡的清香,闻着那诱人的味道,如同观赏一件奇珍异宝一样!但是不能亲它,不能添它,不能咬它,不能碰它,怕它易碎,怕它受损,怕它被沾污,小心翼翼地保护着它,然后慢慢看着它发霉,乃至于烂掉,发臭,也不舍得吃,不舍得扔,只想守护着它,直到那个适合的人再出现,直至天荒地老与君绝!

《秋之语》

　　秋凉,记得,添秋装,人间最美是清秋!一轮秋月无边念君忙,秋天,千万,别着凉。草木一秋,立秋好心情!平分秋色!秋季秋草秋雁秋收秋情秋意秋缠绵,秋景秋色秋意绵 ,秋韵秋语甜秋光灿,一叶知秋!金秋时节秋人于秋天挽秋日观秋叶过秋冬寄秋思,在秋夜携秋月赏秋花尝秋实恋秋叶品秋味知秋趣,逛秋园吹秋风念春秋读秋意,思秋情蹋秋山玩秋水抹秋霜淋秋雨赏秋菊荡秋千,秋来秋去秋思秋念秋惆怅秋月秋日夜独念君!吾送,温暖,秋云秋气爽防止秋躁欺负君! 身体健康莫忘记! 饮食有节莫贪杯!早睡早起有规律!诗篇传情言未尽!

《病》

我的烦恼在于智商不够情商亦低,书读的太少,见的人又太多!

我知己病,你知我病,不知己病;妾唯病病,以治君病。

骂战七夜,以为疗病。使其无病,最后病病。

《人间》

人之私在于对己太宽,对人太严。人最大的敌人是我,不是你。人之恶是见不得别人好。人最怕同人比,亦怕被人拿来比,更怕无人可比!此生宁可自己当个恶人坏人,也要让人糊里糊涂地活着。让人明明白白地死去不也是一种病吗?

《缘分》

你看我是花,你便是花!你当我是土,我将和泥土!凡心待我,我即是人,佛心待我,我即是佛,抬头望秋月,低头看秋月,都是一种欣赏,价值同样高贵!只是心有不同!你撒向我的,无论是什么,终将归还你,所遇皆有回响,得意害怕遇上失意,我亦害怕遇上你,当你想流泪,记得去抬头,莫使雨落,淋湿了身,不争才会得到,柔弱胜刚强!看你不快乐,我也会悲伤,我低下了头驴,只是你没察觉,你是被自己怨气所伤,我亦爱莫能助,只怪缘浅,好聚好散,最后我拥抱了你,不曾带走一片云彩!却落过一阵心雨。我喜欢和聪明人交往,不只是她人优秀,而是我不用时时刻刻都要担心伤了人自尊,因此我的朋友都比我优秀,圣心修己,佛心照人!道心行人,秋月春风等闲度!

《吻别》

　　这个节日让我又想起你！你是人间至美好！那日别离，不能令你爱，就要让你记——你是火星人！这个笑脸太难挤，总要带点雨，屈原太委屈。背过去才会流泪，来生只想做条鱼，亦被你宠爱！多愁善感俘虏我，再次要分离，情关终难闯，日子要前行！忠诚又是那么的珍贵！写字写人生，想写首诗，又恐被世人揣测，君看，又牺牲了。网络时代看似言论自由，一点也不自由。谨言慎行对己尚且如此难行，若是用来要求别人岂不，岂有此理！对人太苛刻，是一种毛病。得治。只想做个傲娇的自己也这般难！挣脱这困妖绳——我只想活得倔强！遇见你，路过你，此生已幸福得一塌糊涂！愿你快乐每一天！

《思君爱意》

瑶池玉兔月在宫,
娇羞含情遥银河,
行思君,坐思君,
意在人间望思空,
留待美境笑含中,
欲尽一世去欢愉,
倾尽此生的柔情!

《月·无悔》

君待我有恩，
妾还之以爱，
恨己曾不争，
错过了时闲，
虚度了光阴。

为爱留意

《归来春》

香草美人归,
秋风扑面来,
少妇情怀春,
焉知非福人。

《写给自己的一封信》

如何很好地控制情绪：非礼勿视，非礼勿言，非礼勿听，非礼勿动。允许别人犯错，不二过，给他人三至七次机会改过自新，孟获也悔改，心悦诚服。一次错就全盘否定，对人对己对事都是不理性的，冷静处置才能得到差不多的结果，不使一方失衡。何为圣人？刚柔并济，能柔弱能刚强，阴阳平衡，圣人尚且会犯错，何况普通老百姓！被人误解，笑一笑是大度，误会了别人，赶快补救是诚意，道歉是知错能改，红花也需绿叶配，这就是绿叶对根的情谊，不看僧面看佛面。接受别人的不足是包容，没有十全十美的人。上等人有本事没脾气，中等人有本事有脾气，下等人没本事却大脾气。选择做何种人，个人决定，各人生死各人了。

《如是我闻》

因你而伟大,
因你而渺小,
上天入地只为君,
千垂百炼成就我。

《追随》

忆君令人悴，
光阴过重山，
解我相思苦，
慰我寒寂聊，
上山入海妾伴行，
攀山涉水追随君。

《爱的样子》

爱情痴如无灭火,
绞尽脑汁难扑灭,
如胶似漆的痴狂,
永不满足的空洞,
揪心似箭的悲伤,
如蜜似糖的甜美,
无有宁日之辛劳,
和无有辛劳之宁日。

《我是一颗相思的种子》

我是一颗相思的种子,在种子节悄悄地生根发芽。
我是一颗相思的种子,如雨后春笋一般徐徐成长。
我是一颗相思的种子,在烈日如火下倔强破土出,
我是一颗相思的种子,如白杨树般地上力争上游。

《爱相随》

天南海北爱陪你，
地动山摇君伴我，
风雨欸至燕不惊，
行至山前必有路。

《香江月夜》

香江屿山夕挂月，
伊人倚栏手托月，
一棵古松相对之，
心上人儿哪里去。

《爱情地图》

画可以画在墙上，画在纸上，纹在身上，绣在表皮上。织在布上，刻在我心上。
诗可以写在墙上，写在身上，写在衣服上，印在你心上。
歌可以唱给风听，唱给雨听，唱给山听，唱给你们听，回音我们听。

《记录的意义》

　　记录了这么些关于她内心深处对他的感受,我知道公众平台还需注意检点,不要犯全天下XX都会犯的错。不是没有办法也不会出此下策,把自己置身于险境悬涯,是为表述,属予作文以记之!让人知道你读什么书,在讨厌你的人心里就是显摆就是晒优越感;在喜欢你的人心里就是你上进好学,在爱你的人心里就是价值成就。在敌人的心里就是终于让我逮到机会。当我闭嘴止语时我觉得自由自在,我欲开口顿感束缚烦扰。当我用文字记录时又觉刀在肉上。少说一句话,多写两项字!是为不向人行使抱怨之术,不自寻烦恼,是为找到抒发的另一渠道,也是一种内心的平衡。因为说得对没用,只会令人厌烦,即使完美如苏格拉底,也不能尽如人意。我的优点就会是我的缺点,!只许周官放火,不许百姓点灯。不公平是常态。同样听一句话,心态层次不同理解不同。同一篇文章同一本书,有人看到了善良,有人看到心酸,有看到策略,有看到真诚,有看到品德才华,有看到下流……，层次不同，境界不同，文化程度不同，生长环境不同，立场不同，标准不同，三观不同，原生家庭形成的价值观，看法，心态都不一样，感受也就不一样。……每个人都是与众不同的，都是独立的个体，没有相同的两片叶子。真是那句，横看成峰又成岭，远看高低各不平。撼动爱如像愚公移山，山不过来，我过去……学会转化

《如梦玲》

终日昏昏终日醒,
如梦如幻似梦境,
一往情深深似海,
教我见他如登天!

《逝去的爱人·表哥陈永树,中秋夜》

古今人月竞相望,
泼酒一杯天地饮,
恨冥王君别去,
阴阳相隔天地宽。

《笑别离》

夫妻本是同林鸟，
大难来时要共担！
以色示人色衰则爱驰！
人生名与利都是空的！
传宗接代生娃得永生，
立功立德立言得永生！
妾年间一日念君，
君年间两日念妾，
妾此生终难过此劫，
君无妾且过两个节，
君可占得二也！
种子节月饼节！
福也禄也！种子说：请把我种在心田，
待来年春暖花开长出月饼。
逼君就饭，就繁，就犯，
君看，学生我还是改不了手误的习惯，神魂颠倒时，词语也浑乱！

《琼鱼恋石》

你是海上傲遊的那条海琼,
我是海底你那栖息的礁石!

《梦幻泡影》

穷极一生,一场遊戏一场梦。
浮沉一世,一弗空空一弗尘。

《尼亚加拉瀑布》

白衣女子婀娜姿,
奔腾飞驰舞绸缎,
直奔流海涛波涌,
云水相接连成天,
一道白雾腾缭绕,
白衣女子娇饶姿,
绕绕瀑雾飘如烟,
芳园内外九里之,
忽现一弯彩虹桥,
梦牵魂绕伴随之!

《秋思·语》

望穿秋水，我在灯火阑珊处，倚门等候。
秋雾漫天，我在无人处爱你！深爱着你。

《心生两座山》

君在九华山，
妾在雁荡山，
想君不见君，
最是难为情。

《遥望·两相思》

君住东方,妾住西方,思君不见君,
日出日落,岁岁年年,望穿了秋水。

《推理》

一明一暗,无大无小,
大者日大,小者自小,
　苍苍命数险中求,
　世道兴衰不自由,
　林林总总道不尽,
　不如归山返林休!

《思念》

苦痛的纠缠，
黑夜的挣扎，
日夜的思念，
真想去找你，
愿余生是你，
只想和你过，
错过一段时光，
不想错过一辈子。

《园外·惊魂》

昨日黄花门外汉,
恐怖担心伤断肠,
唤起邻居借一宿,
成事女人败是女人。

《送君祝联》

上联：重山叠峦叠翠相辉映！
下联：照出世间风光无限好！
　横批：出世入世！

《他》

途中少了你的陪伴、寂寞……没有一点点防备、也没有一丝顾虑，你就这样消失，在社会大学，在开学、在我的暑假里，带给我疲惫、身不由己。署假他就是这样，在我不知不觉中悄悄地消失。从我脑海里，没有记忆。剩下的，只有惋惜，你存在，我昨天的熬夜里、我的夜里、我的梦里、我的通宵里、我的心里、我的歌声里。

《逍遥乐》

日日是好日,事事是好事,
留诗玖首逍遥去,它日还乡云月归。

《见·思恋》

思刘郎不敢言,
一袖相思泪;
恋君恍惚痴迷,
魂不守舍婉若梦!

《话·离别》

离情别绪千行泪，
畏威怀德不敢忘，
思念蚀骨夜未眠，
翻肠搅肚为忆君！

《香山》

红叶遍地人孤寂,
一对画眉上青天。

《三生石》

于亿万人中遇见你，于亿万人中找到你，于亿万人中重逢你，这块石头终于修成三生石，这块枯石终于幸福地砸向我！

《两辆车和两件衣服》

每个男人心中都有两辆车,一辆法拉力,一辆悍马,悍马能翻越两米多高的障碍物,可畏之畅通无阻,如同妻子一样和丈夫披荆斩刺面对生活各种风雨,而法拉力酷弦热辣如情人一般给人震撼刺激,惊险的快感。每个女人心中都有两件衣服,一件叫知性,一件叫性感,这个女人是知性或是性感还是集知性与性感一身,取决于身边那位男人!

《那些晨读的时光》

你最美的样子
不是你精心打扮的美丽或帅气模样
也不是你的素面朝天
不是世俗眼里所谓的才高八斗或是腰缠万贯
而是你可以靠自己的努力，过上自己喜欢的生活状态
不管生活带给你的是惊涛骇浪，还是死一般的沉静
你都拥有平和、理性的心态面对
这才是一个人最美好、最可爱的样子……

《不是恋爱脑的恋爱脑》

一个疯狂攒钱的男人背后
一定有一个他深爱的女人
一个疯狂攒钱的女人背后
不一定是无人可依靠"
而是她知道靠人不如靠己！
因为我的一切！
都是自己辛苦付出换来的！
我没有任何理由不爱自己！做自己的女神！
面包我有，站在海中央，女神只劫色不劫财

《活法》

人生不只有一种活法，你可以活的像：一杯红酒，让人沉醉；又或是一杯咖啡，让人上瘾；又或是一杯绿茶，让人清醒；或是一杯毒药，让人欲罢不能！亦或是一杯白开水，任人加入各种调味料？倒出杯里粘糊糊的液体，空杯状态，是不是更轻松？！被击败、被轻视、被羞辱，未必是坏事，反而因此被激发小宇宙，逼出战斗力，往往也能成大事。困难之处，正可看作是激励和逼迫。天生我才必有用。无必要用自己的标准去衡量别人，也不必用他人的标准来过活。每个人都是独一无二的。飞洒汗水活出自己。不肯吃学习的苦，就会吃生活的苦，学费很贵，但你得为无知付出代价！无论你活成什么样子，都会有人说三道四，让自己不断变强，就是最好的蔑视。人生处处是白眼，哪里都是看不惯，而那些看不惯的，恰恰正在成就你，活着总有你看不惯的事，也有看不惯你的人，可以没有掌声，但必须要有咒骂的声音，越多人批评你，证明你越有价值，越能完善自己！不能改变环境，但可改变心境，你上过的当，绕过的弯，踩过的坑，都会使你成长并获得智慧。追求完美的人通常脾气大情绪不稳定，若是对你有成见，无论你做什么说什么都会是错，遇到这类人，只能装死。爱之欲其生 恶之欲其死。人生要有自己的目标，目标要比自己能力高一点，不能低于自己的能力，然后专注地投入。追逐着自己的梦想！成与不成，我还是我，爱情也不是唯一，还有，好好吃饭哦！好好睡觉觉！好好读书常旅行，夜夜整理观念，日日收拾房间，勤劳动少言语，独立，上半夜想自己，下半夜想别人！活成江湖一把刀，没有你不行，你无法被取代，你就牛 ！不乱于心，不困于情。不畏将来，不念过往，不悲不喜，如此，甚好。

《写给自己的第二封信》

秋，不要强逼别人，不要求别人，不干涉别人，要学着无条件接纳自己，充实自己，善待自己，爱自己，喜欢自己，花未全开月未圆！敬天爱人，万事忍耐方可修得一颗美丽之心，舍一得万。决定快乐的钥匙，只在自己手中。没有自私的爱就不会痛苦！没有占有欲，即是学会了分享。不轻易发脾气，不轻易流泪，不轻易开口，不轻易诉苦，即使心碎了一地，天地崩，仍能如泰山压顶一般一动不动，再痒也不许挠，享受痛苦的过程是那么的幸福愉悦又真实，不要轻易放过自己，每天反省自己，知错即改，拔去心中杂草，重新栽上花朵。秋，要学会自尊自重自爱，不要自寻烦恼，不自讨苦吃，不自取其辱，不庸人自扰，不自以为是，不自轻自贱，不自挖坟墓，不自负轻率，不自大自狂，不自我贴金，不抬高自己，不自视清高，不自命不凡，不自欺欺人，不自作多情，不自把自为，要适可而止，要自我拯救，要尽善尽美，要有道德底线，要自控克制，彼此成就，好与坏都是自作自受！

《幸福》

幸福就是每天能够，醒来！！有饭吃！有水喝！有觉睡！有屎尿屁！有书读！有事做！有家人伴！幸福亦是你眼中看穿了丑恶的"我"，依然美好地对"我"，再疲惫再气愤再难，依然能微笑着拥抱"我" 亲亲"我" 逗逗"我"。

《风水凸》

金鱼祠堂见佛祖,
追君直至菩提道!

《三九·九前所关卡》

欲说与君知君不在,说与君听怕君难受,不说君听怕君不知,说与不说间,妾身都在做命题。大海之志岂湖泊能知!

《沉默》

天地崩,山河裂,泰山崩于前无言。风忧忧,雨忧忧,大地能承载一切。

《子欲养·话报恩反成害》

不孝儿,隔屏泪眼望,爹爹面型改,面色变,言不清难咽,外出儿愁断肠,一海能装几许泪。

《念双亲》

想爹娘难见爹娘,泪湿一床青丝枕被。
－－不孝儿·吴秋月。

《听经》

某日路过菩萨庙,看到菩萨在抄写自己的心经,他每天发N遍,她喜欢上了那种感觉,用心静听他说着他的心经,菩萨也在念自己的心经,在书写着自己的心经,不知不觉她爱上看他的心经,默诵他的心经,连菩萨也在抄念自己的心经,每个人都有自己的玉女心经,菩萨也很忙,有时候无暇照顾他人的心经,人的心经还需自己念,家家有本难念的经,莫管他人是否念错了自己的经,只管一心把自己的那部心经念好就是一个正常人了,不要要求他人像菩萨能帮自己念,人生所有的苦难还需自己渡,不要求他人完美,只高标准要求自己尽善尽美,叫尽人事听天命。小事人定胜天,大事天胜人。

《性命与使命》

比起一个人的性命,那件叫自我的衣服与它无法相提并论。那件叫自我的衣服不值一文,不值一提。我不想失去任何一个曾经不想失去我的人,为了他人性命,宁可抛弃自己的一切去克服人性的自私,为此无私奉献一生,如此而已!又是如何找到自己的使命,就是你会为之付出一切,乐此不疲,不顾一切,奋不顾身,再苦再累再难再痛也不会放手不会放弃,对其充满激情热沉并能排除万难,全力以赴,比如某人爱上了某个人,废寝忘食,不做正经事,只想一纠到底……

《我佛慈悲》

左手红楼水浒传,右手三国西游记,头顶佛祖五子下,可破心山贼成道!

秋月．顿莲

《松江月》

明月当空话青松,送君一轮明月,
千里传情总是情,纵使山海千隔!

《攻心为上》

我需要打开你的心门才能去往你的身边，我需要打开他的心门才能放我离开，我需要国家打开大门才能顺利回国，我需要打开爸爸的心门让他坚持住，你们都以身家性命挟迫我，你们需要我……生老病死，爱恨别离，温疫，身体上的，精神上的，或是业障上的，我分身乏术，上天总是给我太多磨炼，我想看见人们是快乐吉祥的，不是悲伤痛苦的，不是艰难困苦的，不是你争我夺的，不是吵闹的，而是和平喜悦的。

《新狐度·百浪搜》

　　在新浪，新的浪潮向你涌来，爱的潮水随缘而来！在搜狐，狐一般的妖娆迷人！在百度，渡人渡己渡众生！……联想在这缘分的光纤时空里穿梭，愿我们移动脚步共度彼岸。随缘惜缘不攀缘，不求不贪不嗔痴，无欲无求奉此身，远离苦海修灵魂，追君直至灵霄殿。

《嫉妒心与慈悲心的区别》

人性的弱点是喜欢盯着他人的缺点不放，或是盯着他人成功背后的物质，比如：房子车子票子妻子孩子，他人有的东西，而自己没有的东西，所以就会产生嫉妒他人或当小人给人使绊子并怀恨他人晒炫吹，其实当人的生活物质到达一定程度，某些行为只是他人的日常生活，不排除个别是炫富，但是要求他人能克服人性的弱点是非常难的，正如自身也克服不了眼红他人嫉恨他人的心一样，所以古人有云反求诸己！如果人们能够多发现他人成功的背后的品质，比如：勤劳，自律，利他的品德这方面的特质，就会产生敬佩，崇拜，欣赏，等善意的目光！如果发现自己是个爱嫉妒之心的人就要学会多看他人的优点及优秀的品格，而不是他人的物质，或者是化嫉妒之心为自己努力向上的力量去自我努力争取，而不是去泼他人的脏水，并努力奋斗尽量让自己变好变亮发光。毕竟世界上有钱有势又谦卑低调的人能有多少呢？！换着是你变有之后不也一样晒炫夸吗？反问自己能否做到，若是不行，凭什么要求他人能做到呢？能有多少人像面书总裁特斯拉总裁一样衣食住行比普通人还普遍或许叫低调的人呢？不怀疑他们身上同时有低调谦逊的气质，同时可能是为了节省时间而怕麻烦，怕绑架x索等危机，或是为避免减少日后遗产税等税务之类的问题等等可能。善于嫉妒之人喜欢盯着别人成功的物质，善于欣赏别人之人喜欢盯着他人成功的品质，慈悲之人只会看到人们背后的苦难艰辛，并为之帮助他人度过难关。每个人都有自己优点缺点，正视自己，勿把失败因素归他人，咬着他人的缺点不放，而不自知自己的缺点。你人美还非常上进努力，即使坐着不说话，在欣赏你的人面前就是一道风景。你人美非常上进学习，人们吹棒着你，就是危险四伏，即使你坐着笑而不言，对于嫉妒你的人而言，你就是他人眼中心中的碍物。人之私在于严以待人宽以待己，人之恶是见不得他人好，人性的黑暗面是恨人有，笑人无，嫌人穷，怕人富，嫉妒心可以毁人，也可以成就人，所以谦受益。不要问是鱼自由还是鸟自由，鱼又怎么知鸟的事呢，或是鱼又怎么不知鸟的事呢，都不是当时鸟不知当时事，不是当时鱼不知鱼之事。自己变,他人就变了,停止抱怨,停止怨天尤人,不要抱怨不公,天生我材必有用,找出自己的潜能并为之付出行动做个努力的人,尽人事听天命。

秋月．顿莲

《什么样的行为惹人反感？》

交浅言深，好为人师，锋芒毕露，以己度人，以自我为中心，自负轻率，得意忘形，明知故犯，哆嗦抱怨，总盯着别人的缺点，强人所难，对别人太苛刻，背后造谣论人非，酒后乱讲话，不承认自己的过错，把别人看死，把过分当热情，把界限当不分彼此当为你好。吃饭时坐主位，走路行两人中间，拍照站中间（请客，主角除外）。吃自助餐，一拿一大盘，吃不了剩下或不喜欢吃的堆一边又再去拿，还一边讲话口水喷喷，聚餐旁若无人大嗓门说话，为自己愉快放任孩子歺厅乱跑，电梯门一开不等人全出就一头往电梯里钻，插队，别人办事不等人办完，在旁七嘴八舌，禁止入内却偏要进去，打断别人讲话或立即反驳，有事找你没事却联系不上你，不请自来，见过一两面或当日认识就随便乱问属于个人的私事或秘密，如身份，收入，婚姻，不该问而问，表示你没有教养，不知自重，告诉你实话你又受不了，告诉你善意的谎言某日听到真话你还是受不了，不回答这样的问题你又说别人不尊重你,遇上这样的你,说也死不说也死。跟你一起只会让人生气伤心病倒,越来越无长进,那叫缺德;跟你一起能赚到钱,会学到东西,会不断上进,那你是有德之人。我永远都是说实话,真是江山易改,本性难移。

www.ingramcontent.com/pod-product-compliance
Lightning Source LLC
Chambersburg PA
CBHW030336100526
44592CB00010B/716